VENTE LES 22 ET 23 DÉCEMBRE 1869

Collection de feu M. Thomas SHAW

DESSINS

AQUARELLES

TABLEAUX ET CURIOSITÉS

MINIATURES

EXPOSITION PUBLIQUE
LE MARDI 21 DÉCEMBRE 1869

Me Philippe LECHAT	M. MILNES
COMMISSAIRE-PRISEUR	EXPERT
rue Saint-Lazare, n° 44	rue Clauzel, n° 21

PARIS — 1869

COLLECTION de Feu M. Thomas SHAW
ANCIEN MAGISTRAT ANGLAIS AUX INDES

DESSINS
ANCIENS ET MODERNES
AQUARELLES
PAR

Marilhat, Gavarni, Brascassat, A. Delacroix, H. Vernet, Bonington
et autres

TABLEAUX ANCIENS
PAR

Roger de Bruges, Giotto, Porbus, Desportes, etc., etc., etc.

GRAVURES, DESSINS CHINOIS, CURIOSITÉS, MINIATURES

DONT LA VENTE AURA LIEU

HOTEL DROUOT
SALLE N° 6

Les Mercredi 22 et Jeudi 23 Décembre 1869
A UNE HEURE ET DEMIE TRÈS-PRÉCISE

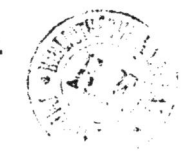

Par le ministère de M° **Philippe LECHAT**, Commissaire-Priseurs
rue Saint-Lazare, 64,

Assisté de M. **MILHÈS**, Expert, rue Clauzel, 21,

Chez lesquels se distribue le présent Catalogue.

EXPOSITION PUBLIQUE
Le Mardi 21 Décembre 1869, de deux heures à cinq heures

PARIS — 1869

ORDRE DES VACATIONS

Le Mercredi 22 Décembre : Les Gravures, Curiosités, Miniatures, Tableaux, quelques Aquarelles et Dessins anciens.

Le Jeudi 23 Décembre : Suite des Aquarelles et Dessins.

On ne suivra pas l'ordre numérique; les lots pourront être divisés.

CONDITIONS DE LA VENTE

Elle sera faite au comptant.

Les Adjudicataires paieront CINQ CENTIMES PAR FRANC en sus des enchères, applicables aux frais.

NOTA. — Nous appelons l'attention des Amateurs sur la Collection des Dessins anciens dont la plupart étaient enfouis depuis longtemps dans les cartons de M. SHAW.

DÉSIGNATION

GRAVURES ANCIENNES ET MODERNES

BÉATRICE (D'après Bandinelli)

1 — Naissance de Saint-Jean.

BEURLET

2 — Suite d'eaux-fortes d'après les cartons de Raphaël.

BOTH

3 — Quatre Paysages.
Eaux-fortes.

BERGHEM

4 — Huit pièces.
Eaux-fortes et autres.

BERGHEM WEIROTTER

5 — Neuf pièces.
Eaux-fortes et autres.

BONINGTON

6 — Douze pièces.

Lithographies.

BARTHOLOZZI BOZE

7 — Louis XVI et Louis XVII.

Portraits en couleur.

CHARLET, VERNET

8 — Album de vingt-deux pièces.

Lithographies.

DURER (A.)

9 — Sainte Catherine et l'Annonciation.

Deux pièces gravées sur bois.

DEMARTEAU

10 — Deux gravures.

En couleur.

DEMARTEAU (D'après CARÊME)

11 — Bacchantes.

Deux pièces en couleur. Sous verre.

DALZIEL (D'après le GIOTTO et autres)

12 — Vingt-six Pièces.

DANKERTZ (D'après WOUVERMANS)

13 — L'Abreuvoir et le Marché aux chevaux.
Deux pièces avant la lettre.

DANKERTZ (MAJOR)

14 — Deux Pièces, d'après Wouvermans et Ostade.

ÉCOLE FLAMANDE

15 — Sujets divers.
Six pièces.

16 — Sujets divers.
Neuf pièces.

17 — Huit Pièces.

ÉCOLE ANGLAISE

18 — Portraits et autres.
Six pièces.

ÉCOLE INDIENNE

19 — Deux curieuses Gravures.

ÉCOLE FRANÇAISE

20 — Scènes galantes, d'après Moreau, Baudouin, Lavreince, etc. (Seront divisées).

FREY (D'après Raphael-J.)

21 — Sainte Famille.

FIQUET (D'après Nanteuil)

22 — Portrait de Delamothe.

---

23 — Fac-similés anciens.
Trente et une pièces.

24 — Fac-similés de vieux dessins.
Dix pièces.

GAILLARD, PICART (D'après Boucher, Coypel)

25 — La Fécondité, les Innocents, etc.
Trois pièces.

GAVARNI

26 — Vingt-six Caricatures coloriées.
27 — Vingt-quatre Pièces caricatures.

HOLLAR (1649)

28 — Cathédrale d'Anvers.
Belle épreuve.

JARDIN (A. DU), RUYSDAEL

29 — Sept Eaux-fortes.

30 — Loges de Raphaël.
Vingt-sept pièces.

LEU (T. DE)

31 — Princesse de Conti.

32 — Quarante Lithographies.

33 — Labyrinthe de Versailles, à Paris chez Rutgert.
Album de quarante pièces, relié.

LAFRERI (D'après Zuccaro)

34 — Sujet mythologique.

MARC-ANTOINE (D'après Raphael)

35 — Sujet religieux.

MONCORNET et autres

36 — Quinze Portraits.

MAX DE BOHÈME, FERRARE (H. DE)

37 — Portraits équestres.

                                    Deux pièces gravées sur bois.

MORGHEN, HONBRAKEN

38 — Trois Portraits.

NANTEUIL, VAN DYCK, EDELINCK

39 — Quatre Portraits.

40 — Portraits.

                                    Dix-sept pièces.

41 — Portraits des rois de France.

                                    Cinquante-trois pièces.

SERGENT

42 — Soixante-neuf Gravures sur la Révolution.

43 — Portrait de M. de Necker.

                                    En couleur.

SYLVESTRE

44 — Vues de Paris.
Trente-six pièces.

45 — Dix-huit Vues de Paris.

46 — Dix Vues de Paris.

47 — Sujets divers tirés des cabinets Crozats, d'Orléans, etc.
Qnarante-quatre pièces.

VAN DYCK, NANTEUIL et autres

48 — Quatre Portraits.

VORSTERMAN (L.), WITDOECK (J.) (D'ap. Rubens)

49 — Trois Pièces.

VEYROTTER DANKERTZ

50 — Paysage.
Neuf caux-fortes.

WATERLO, VIVARES, etc.

51 — Treize Paysages.

WIERIX

52 — Isabelle, princesse de Brabant.

53 — Sous ce numéro, plusieurs lots d'estampes anciennes et modernes.

CURIOSITÉS

54 — Mise au tombeau.
Bas-relief en cuivre repoussé.

55 — L'Abondance, bas-relief. Bronze florentin.

56 — Bacchus. Bronze antique sur socle de marbre.

57 — Croix byzantine en bronze émaillé.

58 — Cadenas, Clefs (XVIIe siècle).
Sept pièces.

59 — Cadre chinois en bois sculpté.

60 — Deux Encriers chinois en bois.

61 — Montre indienne (XVIe siècle) en cuivre ornementé.

62 — Montre du XVIe siècle, cadran en argent ornementé dans une cuvette en cristal de roche.

NINI (1777)

63 — Portrait de Franklin.
Terre cuite.

64 — Porte-baiser Louis XIII avec sujet en bronze.

65 — Rames, Massue indiennes.
Sept pièces en bois sculpté.

66 — Curieuse Serrure du xv° siècle avec sa clef.

67 — Serrure du xvi° siècle, grand modèle.

68 — Trois Panneaux gothiques, chêne sculpté, avec blason fleurdelisé.

69 — Trois Momies égyptiennes dont une en bronze.

70 — Vase sacré chinois en bronze, incrusté d'ornements or.

71 — Gobelet en bronze émaillé, portant la date 1646.

MINIATURES, TABLEAUX

AUGUSTIN

72 — Portrait du duc de Berry.
Superbe miniature.

ÉCOLE FRANÇAISE

73 — Portrait de Monsieur, frère du roi Louis XIV.
Miniature sur ivoire. Cadre en bronze.

74 — Mme de Polignac.
Miniature sur ivoire.

KAYLER

75 — Portrait de Franklin. Superbe miniature sur ivoire.
Cadre en bronze.

LEPRINCE (1780)

76 — Portrait de la duchesse de Penthièvre.
A la gouache. Encadré.

77 — Portrait de Marie Stuart, reine d'Écosse.
Miniature dans un cadre sculpté.

78 — Portrait de J. d'Albret, aïeule du duc de Luynes.
Cadre en argent.

PORBUS

79 - Portrait d'homme, costume d'Henri II.
Sur cuivre. Cadre en bronze.

PORBUS

80 — Superbe Portrait de Montecale, ambassadeur d'Espagne.
Peint sur cuivre. Cadre en bronze.

PATEL

81 — Paysage.
A la gouache. Encadré.

PETERS-NEEF

82 — Intérieur de la cathédrale d'Anvers.
>Peint sur panneau.

83 — Portrait de Jeanne de Gray, reine d'Angleterre.
>Miniature en vélin. Cadre en ébène.

84 — Portrait du duc de Maine.
>Miniature attribuée à Petitot.
>Cadre ornement argent avec écrin.

84 *bis* — Petit Portrait de femme Henri II, peint sur cuivre, et une miniature costume Louis XV.

DESPORTES

85 — Chiens de chasse en arrêt.

DESPORTES

86 — Chien en arrêt au milieu d'un parc.
>Ovale.

ECOLE FRANÇAISE

87 — Portrait d'Helvétius.

ÉCOLE ANGLAISE MODERNE

88 — Marine.

                    Portant à droite le monogramme W.

ÉCOLE MODERNE

89 — Scène à Naples.

90 — Paysan et son âne.

                                Étude.

JANET (École de)

91 — Portrait de femme sur panneau.

                            Costume Henri II.

ÉCOLE ITALIENNE

92 — Sainte Famille.

                        Panneau à fond d'or.

GIORDANO (L.)

93 — La Mort de sainte Thérèse.

GIOTTO

94 — Vierge assise, entourée d'Anges, peinte sur fond d'or.

                        Cadre en bois sculpté.

HUYGENS

— Pinsons, Allouettes, etc. Natures mortes.

Quatre pendants.

ROGER DE BRUGES

96 — Descente de croix. Superbe d'expression. Cadre en ébène.

Collection du cardinal Fesch.

AQUARELLLES, DESSINS MODERNES

ADAM (V.)

97 — Portraits équestres de Louis-Philippe, du duc d'Orléans et du général Lafayette.

Mine de plomb.

ANDRIEUX

98 — Le Rétameur.

Aquarelle.

ANDRE (J.)

99 — Tête de jeune femme.

Pastel encadré.

AUDY (J.)

100 — Cavaliers.
Aquarelle.

BELASTHI, ROUSSEAU

101 — Deux Paysages.
Peints sur papier.

BERTRAND

102 — Types militaires.
Six aquarelles.

BONINGTON

103 — Intérieur d'une cour à Beauvais.
Aquarelle.

104 — Vieillard, Paysan.
Deux aquarelles.

105 — Marine.
Aquarelle.

106 — Vue d'un portique.
Aquarelle.

BRASCASSAT

107 — Sangliers.
Mine de plomb.

CAMOIN

108 — Scène d'Afrique, la Déclaration.

Deux aquarelles.

CHASSELAT

109 — Portrait du jeune Las Cazes.

Sépia.

CREYVANGER

110 — Les Soldats galants.

Sépia.

COLIN (Anaïs)

111 — Scène galante.

Aquarelle.

COLIN, LEBAS

112 — Sujets divers.

Six aquarelles.

COIGNET (J.)

113 — Paysages, études.

Trois aquarelles et deux dessins.

DAVID (J.), FORT (T).

114 — Trompettes.
Deux aquarelles.

DELACROIX (A.)

115 — Le Passage d'un gué.
Superbe aquarelle.

DELACROIX (A.)

116 — Pêcheurs.
Aquarelle.

DURAND-BRAGER

117 — Deux Marines.
Aquarelle.

ÉCOLE MODERNE

118 — Chollet dans le Postillon de Lonjumeau.
Aquarelle.

119 — Scènes diverses.
Onze aquarelles.

120 — Paysages peints sur papier.
Deux pièces.

121 — Imitation d'une feuille d'un Livre d'heures, relative au règne d'Edouard d'Angleterre.
Miniature sur vélin.

FREY (F.)

122 — Vue de Zurich, d'après nature.

Superbe aquarelle.

LAFONT

122 *bis* — Vue de Zurich avec figures.

Belle aquarelle.

GAVARNI

123 — Bien !... la colique !...

Aquarelle.

GÉRARD (P.)

124 — Intérieur d'église.

Aquarelle.

GUE (O.)

125 — Les Laveuses.

Aquarelle.

GRANVILLE

126 — L'Amour et le Diable.

Sépia.

HUYGENS

127 — Fruits peints sur papier.

Deux pièces.

LASTON

128 — Sujets divers.

Trois aquarelles.

LESSORE

129 — Les Échecs, la Récréation, Scènes diverses.

Six aquarelles. Seront divisées.

LEPRINCE (DE BEAUFORT, Veuve)

130 — Bouquets de fleurs diverses.

Six aquarelles.

LOGEROT (L.)

131 — Bouquets de fleurs diverses.

Sept aquarelles.

MAROHN

132 — Épisode de la Révolution de 1848.

Aquarelle.

MARILHAT

133 — Turc fumant.
Mine de plomb. Encadré.

MELLÉGÉ

134 — Deux Marines.
Sépia et plume.

MOREL-FATIO

135 — Marines.
Deux dessins encre de Chine.

MILLET, MORIN

136 — Sujets divers.
Cinq aquarelles.

MIDY (A.)

137 — Le Marchand de cerises.
Aquarelle

MONTAUT (DE)

138 — Le père La Pudeur.
Aquarelle.

MUSSARD, JOHANNY

139 — Sujets divers.
Quatre aquarelles.

NUMA

140 — Dodor et Adolphe.
Deux aquarelles.

PRUCHE

141 — Le Corps de garde.
Aquarelle.

SÉGNÉGNOT

142 — Un Pêcheur et un Chasseur.
Deux aquarelles.

VALÉRIO

143 — Les Vendanges.
Aquarelle.

VERNET (H.)

144 — Turc à cheval.
Mine de plomb.

WILD (E.)

145 — Intérieur de l'église de Reims.

Aquarelle.

XERCHHOFF (1835)

146 — La Conversion.

Superbe aquarelle.

147 — Sous ce numéro, les Dessins omis.

DESSINS ANCIENS

ASSELYN et autres

147 *bis* — Trois Paysages.

Lavis.

L'ALBANE, POLYDORE DE CADARE

148 — Deux Sujets divers.

Sépia.

BAROCHE

148 *bis*. — Tête d'homme.

Trois crayons.

BACKUYSEN

149 — Deux Marines.
        Encre de Chine.

150 — Marine avec figures.
        Belle sépia.

151 — Marine.
        Sépia.

BELLA (D.), LAFARGUE

152 — Bataille, Paysage.
        Deux dessins à la plume.

BEGA (C.), ROOS

153 — Femme et Moutons.
        Deux dessins à la sanguine.

BERGHEM

154 — Moutons, Chevres.
        Beau dessin au crayon noir.

PICART (Bernard)

155 — Huit Vignettes pour livres.
        Charmantes sépias gouachées.

BIBIENA

156 — Intérieur d'église.
Au lavis. Superbe dessin encadré.

BOISSIEU (DE)

157 — Chevaux, Paysans.
Sépia.

158 — Paysages.
Deux dessins encre de Chine.

159 — Beau Paysage, bord de l'eau.
A l'encre de Chine. Encadré.

BOSSO, ROMAIN (J.)

160 — Sujets divers.
Deux dessins.

BOUCHER (F.)

161 — Délicieuse tête de jeune fille.
Crayon et aquarelle.

162 — Scène pastorale.
Crayon noir.

163 — La Conversation.
Beau dessin à plusieurs crayons.

164 — Le Retour de l'Enfant prodigue.
Superbe sanguine.

BOTH (J.) et autres

165 — Trois Paysages.

Sépia.

BREUGHEL

166 — Marché aux chevaux.

Plume et encre.

BRILL (P.), HUYSUM (V.)

167 — Quatre Paysages.

Plume et eucre.

CALLOT, BAKHUYSEN

168 — Marine et autres.

Quatre dessins à la plume.

CALLOT

169 — Combat d'infanterie.

Beau dessin à la plume.

CHERUBINO ALBERTI

170 — Études de femme.

Crayon noir.

CORRÈGE

171 — Femme assise. *Trois crayons.*

CORNEILLE

172 — Sujet mythologique. *Au lavis. Sous verre.*

CUYP (A.)

173 — Pâturage. *Superbe dessin bistré.*

174 — Vaches. *Dessin au crayon.*

DENON, PINELLI, etc.

175 — Portraits, Sujets, Fleurs. *Six dessins.*

DIETERLIN

176 — Projet de chaire d'église. *Belle sépia.*

177 — Façade ornementée. (Renaissance.) *Trois dessins au lavis.*

DOES (V.)

173 .— Pâturage.
Superbe sépia.

DUMOUSTIER

179 — Portrait d'homme, costume Henri II.
Trois crayons.

DUMOUSTIER (Daniel)

180 — Ulrique, reine de Danemarck, princesse d'Olestin.
Trois crayons.

DUPLESSIS

181 — Halte de cavaliers.
Dessin encre rehaussé.

DUSARD (C.)

182 — Paysans.
Aquarelle sur vélin.

FOUQUET (École de J.)

183 — Combat d'infanterie.
Miniature sur vélin.

ÉCOLE FRANÇAISE

184 — Nymphes.
        Superbe gouache.

185 — Paysage, peint sur papier.

186 — Sujets divers.
       Quatre dessins, sépia et encre.

187 — Deux paysages.
         Sépia et encre.

188 — Marine avec figures.
     Deux superbes aquarelles faisant pendants.

189 — Tête de femme.
      Aux trois crayons. Sous verre.

190 — Six Dessins divers.

191 — Sujets divers.
          Six dessins.

192 — Deux Portraits femme, costume Louis XVI.
          Trois crayons.

193 — Deux Portraits d'homme.
          Crayon noir.

194 — Portraits de femme et d'homme.
        Deux dessins crayon.

195 — Sujets divers.
         Quatre dessins.

196 — Sacrifice druidique.
         Superbe gouache.

ÉCOLE ITALIENNE

197 — Portraits Sujets divers.
Quinze dessins.

198 — Sujets divers.
Neuf dessins.

199 — Sujets divers avec autographes.
Cinq dessins à la plume.

200 — Paysannes italiennes.
Trois gouaches.

201 — Sujets divers.
Cinq dessins sépia.

202 — Sujets divers.
Quatre dessins.

203 — Sujets divers.
Sept dessins.

ÉCOLE HOLLANDAISE

204 — Étude de patineur en perpective.
Peinte sur papier.

ÉCOLE ESPAGNOLE

205 — Portrait de femme.
Trois crayons.

ÉCOLE INDIENNE

206 — Portraits d'empereurs et rois indiens, scènes d'intérieur, sujets divers.
Trente-trois miniatures sur vélin.

ÉCOLE CHINOISE

207 — Fruits et fleurs.
     Cinq aquarelles sur papier de riz.

EGIDIUS (Y.), 1620

208 — Deux Paysages.
     Plume et encre bleue.

EISEN

209 — Les trois heures du jour.
     Crayon rehaussé : trois dessins.

EVERDINGEN

210 — Deux marines.
     Dessins au lavis.

ELSEILMER

211 — Les Fiancés.
     Dessin au bistre.

FLAMEN (V.)

212 — Canards.
     Aquarelle très-fine.

FRAGONARD (N.), 1760

213 — Les Vendanges.

Vignette à l'encre de Chine

FRAGONARD

214 — Tombeau de J.-J. Rousseau.

Dessin au bistre.

GARBINA (1805)

215 — Vue des galeries du Palais-Royal, avec quantité de personnages.

Curieuse aquarelle.

GESSNER

216 — Paysages.

Deux aquarelles.

GILLOT

217 — Scènes galantes.

Deux dessins à la plume formant pendants.

GIRODET

218 — Odalisque.

A l'estompe. Sous verre.

GIRODET et autres

219 — Sujets divers.
Trois dessins à la plume

GLANBER, MULLER, etc.

220 — Trois Paysages.
Lavés d'encre.

GOLTIUS

221 — Portrait du peintre H. Pots.
Mine de plomb sur vélin. Rare.

222 — Portrait de Henri III.
Superbe dessin. Mine de plomb sur vélin.

GREUZE

223 — Portrait de Bernardin de Saint-Pierre.
Aux trois crayons. Encadré.

224 — Tête de vieillard.
Aux trois crayons.

GRIENT (DE), 1776

225 — Deux Marines.
Lavées d'encre. Forment pendants.

GROS

226 — Portrait de Murat.
> Au crayon noir.

HANSBOL (1584)

227 — Paysage.
> A la plume, très-fin, avec entourage d'ornement.

HARDENBERG

228 — Paysage.
> Aquarelle.

HONDECOETER

229 — Poules et Coqs.
> Dessin au crayon noir.

230 — Oiseau.
> Camaïeu rouge. Trois dessins.

HOOGE (R. DE)

231 — Fontaine dans un parc.
> Superbe sépia.

HOUEL, FRAGONARD

232 — Deux Paysages.
> A la sépia.

HOUITT (1812)

233 — Chasse aux cerfs.
        Superbe dessin à la plume lavé-d'encre.

HUET

234 — Allégorie sur Mme de Pompadour.
        Dessin à la plume.

235 — Scène pastorale.
        Dessin à la sépia. Sous verre.

236 — Vue d'un château avec figures.
        Belle aquarelle.

237 — Ornements.
        Sépia et crayon.

HUYGENS

238 — Fleurs de lys.
        Peinture sur papier.

239 — Oiseaux, nature morte.
        Peinte sur papier.

JACHOT

240 — Deux Vues du château de Pierrefond.
        Plume et aquarelle. Encadrées.

JOHN HAYLER

241 — Portrait de jeune femme.
>> Dessin aux trois crayons.

JORDAENS (J.)

242 — Scène grotesque.
>> Belle aquarelle

KAUFMAN (A.), BERGERET

243 — Sujet historique titre de livre.
>> Deux dessins. Aquarelle.

LAAR (P. DE)

244 — Un Marché.
>> Dessin au bistre.

LARGILLIÈRE

245 — Portraits de femme et homme.
>> Trois dessins crayon noir.

LAFAGE (R.)

246 — Sacrifice.
>> Beau dessin plume et sépia.

LAGNEAU

247 — Portrait d'homme (xve siècle).

Aux trois crayons.

248 — Portrait d'homme Henri II.

Aux trois crayons.

LANCRET

249 — Jeune femme assise.

Dessin à la sanguine.

LAYKEN

250 — Cinq Vignettes.

Dessins à la sépia.

LEBRUN (C.)

251 — Episode de l'histoire romaine.

Superbe dessin à l'encre de Chine.

VIGÉE-LEBRUN (Mme)

252 — Portrait de Mme Elisabeth.

Aux trois crayons. Encadré.

LÉPICIÉ

253 — Jeune dessinateur.

Aux trois crayons.

LEBELLE

254 — Vues de Malines et autres.
                                  Trois dessins sépia.

LECLERC (1758)

255 — Nature morte, oiseaux.
                                Cinq gouaches très-fines.

LECLERC

256 — Vue du labyrinthe de Versailles.
                                Éventail à la plume.

LÉONI (Octavio)

257 — Portrait de femme.
                                Aux trois crayons.

258 — Quatre Portraits hommes et femmes.
                                Crayon noir.

259 — Sept Portraits.
                                Crayon noir rehaussé.

260 — Deux Portraits d'hommes.
                                Crayon noir.

LINGELBACH

261 — Port de mer, avec figures.
                                Superbe dessin encre de Chine.

LINGELBACH, VAN-STRY, KOBEL

262 — Sujets divers.

Trois dessins au lavis.

MACHY (DE)

263 — Projet de tombeau.

Sépia.

MARTIN SCHOEN

264 — Etude de femme (draperie).

Deux dessins à la plume.

MAYER (Mlle), GIRODET, REGNAULT (B.)

265 — Trois Sujets divers.

Crayon et plume

METZU, TÉNIERS, BEGA, etc.

266 — Portraits, études.

Cinq dessins, crayon et sépia.

METZU (G.)

267 — Jeune femme à genoux.

Crayon noir rehaussé.

MIERIS (G., 1706)

268 — Vénus et l'Amour.

      Mine de plomb sur vélin.

MOUCHERON

269 — Jardin avec fontaine.

      Beau dessin à l'encre de Chine.

MOUCHERON

270 — Parc et Monument.

      Charmante aquarelle.

MURILLO (Attribué à)

271 — La Charité.

      Dessin à la sanguine. Encadré.

NATOIRE

272 — Cléopâtre.

      Dessin au crayon noir. Encadré.

NICOLLE

273 — Ruines avec figures.

      Deux aquarelles.

OMMEGANK

274 — Moutons.

Superbe dessin à l'encre de Chine.

OUDRY

275 — Tête de loup.

Crayon rehaussé.

OSTADE

276 — Paysan.

Aquarelle.

ORIZONTI, CARRACHE, BOTH, etc.

277 — Cinq Paysages.

Plume et sanguine.

PALAMÈDE, LEDUC

278 — Hommes d'armes.

Deux dessins au crayon noir.

PASSE (G. DE)

279 — La Musicienne.

Dessin au bistre.

PARMESAN, BASSAN, etc.

280 — Quatre Dessins : sujets divers.
Plume et sépia.

PENNI (L.), LE GUIDE, etc.

281 — Trois Dessins divers.
Bistre.

PENNI (P.), ROMAIN (J.)

282 — Deux Dessins.
Sépia et encre.

PORBUS

283 — Episode de la ligue.
Curieux dessin à la sépia.

POUSSIN (G.)

284 — Sujet et Paysage.
Deux beaux dessins à la sépia.

POUSSIN (N.)

285 — Vénus et Vulcain.
Superbe sépia.

POUSSIN (G.)

286 — Paysage.
Crayon noir rehaussé.

PRIMATICE

287 — Façade renaissance.
Beau dessin sépia.

PRUD'HOMME

288 — Paysans et Moutons.
Dessin à la sépia.

QUUNT (J.)

289 — Scène décorative.
Dessin plume et encre.

RADEMAKER, VITRINGA

290 — Deux Paysages.
Lavis à l'encre.

RADEMAKER

291 — Marine.
Beau dessin bistre.

RAPHAEL (Attribué à)

292 — Sainte Cécile.
>Dessin à la sépia, avec inscription au verso.

REMBRANDT

293 — Chameau.
>Lavé au pinceau. Superbe.

294 — Lion.
>Dessin à la sépia.

595 — Scènes d'intérieur.
>Deux dessins sépia.

296 — Scène d'intérieur.
>Dessin à la sépia.

RIBERA

297 — Études à la plume.
>Deux dessins.

RIDINGER

298 — Scène pastorale.
>Dessin à l'encre de Chine.

ROGER DE BRUGES

299 — Vierge en extase.
>Superbe dessin crayon d'argent sur papier teinté.

ROGHMAN (R.)

300 — Paysage.
Dessin à l'encre

ROMANELLI

301 — Sujet romain.
Magnifique dessin, lavé à l'encre.

ROMAIN (J.)

302 — Épisode de l'histoire romaine.
Dessin à la sépia.

303 — Bacchanale.
Dessin au bistre. Encadré.

304 — Tête d'homme.
Pastel crayonné.

ROSA (S.), ZUCARELLI

305 — Deux paysages.
Crayon, sépia.

ROSE DE TIVOLI

306 — Troupeau de moutons.
Beau dessin à l'encre de Chine. Encadré.

RUYSDAEL

307 — Paysage avec neige.

Sépia rehaussée.

SALVIATI, DOMINIQUIN et autres.

308 — Cinq Sujets divers.

SANREDAM

309 — Intérieur de la cathédrale de Bruges.

Belle aquarelle.

SCHOTEL, PATEL, etc.

310 — Sujets divers.

Quatre dessins. Gouache.

311 — Trois Feuilles de livre d'heures (XVe siècle).

Miniatures sur vélin.

312 — Trois Feuilles de plain-chants (XVe siècle).

Avec miniatures.

313 — Miniature (XVe siècle).

Sur vélin.

314 — Miniatures et autres (XVIe siècle).

Trois pièces.

STROOST

315 — Scènes d'intérieur.
                      Deux dessins à la sanguine.

316 — Des Français à Londres.
                      Belle aquarelle

317 — Les Souhaits.
                      Belle aquarelle.

SYNDERS, OUDRY, RIDINGER

318 — Chiens et Bison.
                      Trois dessins, bistre et sépia.

TEMPESTA

319 — Combat de cavalerie.
                      Dessin à la sépia.

320 — Cavalier.
                      Dessin à la sépia.

TOORNVLIET

321 — Jeune femme.
                      Dessin aux trois crayons.

UDINE (J.-V.), BOTICELLI

322 — Ornements, Chiens.
                      Quatre dessins.

VELDE (W. Van de)

323 — Marine.

                        Deux dessins encre de Chine.

VELDE (Van de), BALEN (Van)

324 — Deux Paysages avec figures.

                        Sépia.

VELDE (Van de)

325 — Marine.

                        Beau dessin à la sépia.

326 — Marine.

                        Huit pièces. Encre.

MEULEN (Van der)

327 — Cavalier.

                        Superbe dessin sépia.

328 — Cavalier.

                        Fait au pinceau.

HEYDEN (Van der)

329 — Vues de ville avec figures.

                        Deux dessins à l'encre.

ULFT (Van der)

330 — Paysage et sujet.
        Deux dessins bistre.

UDEN (Van)

331 — Paysage.
        Beau dessin à la plume.

DYCK (Van)

332 — Portrait de Mompers.
        Dessin à la plume.

333 — Portrait de Charles Ier, roi d'Angleterre.
        Dessin au crayon noir rehaussé.

334 — Deux Portraits d'homme.
        Dessins à la plume.

HUYSUM (Van)

335 — Quatre Bouquets de fleurs.
        Aquarelles gouaches.

336 — Paysage.
        Sanguine très-fine.

336 *bis*. — Bouquet de fleurs dans un vase posé sur un piédestal.
        Très-beau dessin colorié.

GOYEN (Van)

337 — Marines.
                                                  Crayon.

338 — Bords de l'eau.
                          Encre de Chine et crayon.

339 — Deux paysages.
                                  Crayon et lavis.

340 — Paysage avec figures.
                                  Encre et crayon.

341 — Vue de ville ; nombreuses figures.
                                  Crayon et encre.

LOO (Van)

342 — Le Concert.
                                  Superbe aquarelle.

STRY (Van), HUYGENS

343 — Animaux et Fruits.
                                  Deux aquarelles

STRY (Van)

344 — Scène d'intérieur.
                                  Belle aquarelle.

345 — Marine.
                                  Superbe aquarelle.

VERNET (Carle)

346 — Lancier polonais.

Aquarelle.

VÉRONÈSE (P.), ROMAIN (J.)

347 — Deux Sujets mythologiques.

Sépia.

VERKOLIE (V.)

348 — Allégorie.

Superbe sépia.

VISCHER, HELST (Van der)

349 — Deux Portraits d'homme, sur vélin.

Sépia.

VLIEGLER (de), GRAVE (de)

350 — Paysage et Marine.

Deux dessins lavés à l'encre.

WAILLY (de)

351 — Homme des bois.

Gouache très-fine.

WATTEAU

352 — Études de femmes.
                                    Quatre dessins à la sanguine.

353 — Étude de femme.
                                    A la sanguine. Sous verre.

354 — La Musicienne.
                                    Dessin à la sanguine.

WATTEAU, RUBENS, RIBERA

355 — Tête d'étude.
                                    Quatre dessins sépia-sanguine.

WATTERLO

356 — Paysage.
                                    Au crayon noir.

WATTERLO, GRANJEAN, ASSELYN

357 — Quatre Paysages.
                                    Lavés d'encre.

WEENIX

358 — Scène décorative dans un parc.
                                    Beau dessin lavé à l'encre de Chine.

WEENIX, BLOEMAR

359 — Sujets décoratifs.

Deux dessins à la sépia.

WITTHOOS

360 — Oiseaux.

Trois aquarelles et gouaches.

WOUVERMANS

361 — Halte de cavaliers.

362 — Marché aux chevaux.

Superbes aquarelles très-importantes formant pendants.

ZALFTLEVEN

363 — Paysage.

Dessin au crayon.

MÊME SALLE

364 — Curieux Bas-relief gothique en marbre blanc, représentant l'Adoration.
365 — Chaise à porteurs Louis XVI avec armoiries.
366 — Deux grands Vases, décor oiseaux et fleurs très-riches, en porcelaine de Chine.
367 — Une paire de grands Vases, forme cornet, en porcelaine de Chine, très-fins de décors, avec têtes de Chimères formant anses.
368 — Une autre paire de Vases en porcelaine de Chine craquelée, décor bleu.
369 — Une autre avec décors de personnages très-fins.
370 — Deux Coupes en porcelaine de Chine craquelée, avec pied en bois noir sculpté.
371 — Cabinet en laque du Japon avec décors en relief.
372 — Dix-huit Dessins chinois sur papier et sur soie.
373 — Quelques Tableaux anciens.

---

374 — Objets omis.

RENOU ET MAULDE
Imprimeurs de la Compagnie des Commissaires-Priseurs
Rue de Rivoli, 144

www.ingramcontent.com/pod-product-compliance
Lightning Source LLC
LaVergne TN
LVHW020045090426
835510LV00040B/1412